世界文化遗产地

World Cultural Heritage Sites

清沈阳故宫·清永陵·清福陵·清昭陵

建筑图集

孟繁涛　主编

辽宁美术出版社

1972年，联合国教科文组织大会第17届会议在巴黎通过了《保护世界文化和自然遗产公约》。从此，世界遗产的保护、申报工作在全世界的影响日益广泛，人类对自然和自身创造的文化价值的认识逐步深入。我国自1985年加入《保护世界文化和自然遗产公约》以来，在世界遗产的保护和申报等方面也逐渐与世界接轨。在各级政府和有关部门努力下，我国的世界遗产保护管理工作不断加强，中国在世界文化遗产保护事业中发挥的重要作用、作出的重要贡献，已经得到了全世界的认可。

党的十八大以来，习近平总书记多次对文化遗产保护作出重要指示，指出『申遗是为了更好地保护利用，要总结成功经验，借鉴国际理念，健全长效机制，把老祖宗留下的文化遗产精心守护好，让历史文脉更好地传承下去』。

把文化遗产保护好，就是要守住传统文化之『根』。沈阳故宫是我国仅存的两座帝王宫殿建筑群之一，它的独特之处，是融合了传统宫殿建筑与东北地方民居的建筑特征，集萃了汉族、满族、蒙古族、藏族等多民族建筑装饰元素，成为显现中国宫殿建筑文化多样性特色的实物范例。沈阳故宫博物院和清永陵、清福陵、清昭陵文物管理部门在国家和省市文物局的指导下，严格遵循『不改变文物原状』和『最小干预』的原则，有计划实施文物保工程，最大限度地恢复古建筑历史面貌，完整保存古建筑的历史价值、艺术价值、科学价值。

把文化遗产传承好，就是要延续传统文化之『脉』。文化遗产属于不可再生的宝贵资源，是我们中华民族漫长历史的实物见证，沈阳故宫和盛京三陵历经数百年，能够保存下来实属不易，把它们保护好并传承下去，是历史赋予我们的崇高责任。

温故知新，接续文脉。在沈阳故宫和盛京三陵列入《世界遗产名录》20周年之际，我们编辑出版这本图集，记录这几座文化遗产的时光印记，为文化遗产的保护、传承留下一笔注脚。

孟繁涛

2024年6月

前　言

2004年7月1日，在中国苏州召开的第28届世界遗产委员会会议批准清沈阳故宫作为明清皇宫文化遗产扩展项目，清代盛京三陵（清永陵、清福陵、清昭陵）作为明清皇家陵寝扩展项目列入《世界遗产名录》，它们突出的普遍价值得到了世界的广泛认可。

沈阳故宫坐落于沈阳明清方城中心，历经清早期努尔哈赤、皇太极两代创建，清乾隆时期增建、扩建而成，总占地面积6万余平方米，共保留宫、殿、亭、台、楼、阁、斋、堂等清代建筑100余座、500余间。按兴工营造年序，1625年努尔哈赤迁都沈阳后，始建大政殿、十王亭等东路建筑组群；1637年，皇太极兴建的中路宫阙建筑全部竣工；乾隆十一年至乾隆四十八年（1746—1783），为满足东巡期间使用和贮存宫廷文物的需要，又在旧有宫殿之侧修建了东、西所行宫和盛京太庙、文溯阁等建筑，扩展和延续了沈阳故宫的使用功能。

清永陵位于辽宁省新宾满族自治县永陵镇境内，是清太祖努尔哈赤的远祖、曾祖、祖父和父亲的陵寝，1598年初建，顺治年间称其为永陵。经康熙年间重建和改建，形成今天的规模。清福陵位于沈阳市东北方11千米处的丘陵地上，是清太祖努尔哈赤和皇后叶赫那拉氏的陵寝，始建于1629年，1651年基本建成，后在顺治、康熙、乾隆时期均有增建。清昭陵位于沈阳城区北部，是清太宗皇太极和孝端文皇后博尔济吉特氏的陵寝，始建于1643年，1651年基本告竣，此后改建、添建工程大都与清福陵同步。

在清朝定都北京以后，沈阳故宫和盛京三陵始终受到清廷的特殊重视。特别是在实行一百五十余年的清帝东巡祭祖制度下，康熙、乾隆、嘉庆、道光四朝皇帝先后十次东巡盛京，谒祭三陵，在沈阳故宫驻跸并举行相关典礼，使沈阳故宫和盛京三陵在清代始终保持其日常使用功能，并得到特殊保护。辛亥革命以后，虽然时局动荡，但是沈阳故宫和三陵的主体建筑仍然保持完整。

中华人民共和国成立后，党和政府加强了对历史文化遗产的保护，这些古建筑重新焕发生机和光彩。1961年，沈阳故宫成为国务院公布的第一批全国重点文物保护单位；1963年，清永陵、清福陵、清昭陵被列为省级重点文物保护单位，后陆续被公布为全国重点文物保护单位。

目录

第三篇　世界文化遗产保护传承

壹　清沈阳故宫

叁　清福陵

肆 清昭陵

贰 清永陵

壹

清沈阳故宫

清沈阳故宫全景（1905年）

大政殿和十王亭（清末民初）

大政殿和十王亭（东三省博物馆初期）

大政殿（1905年）

大政殿宝座、屏风、匾联（1908年）

大政殿（1924年）

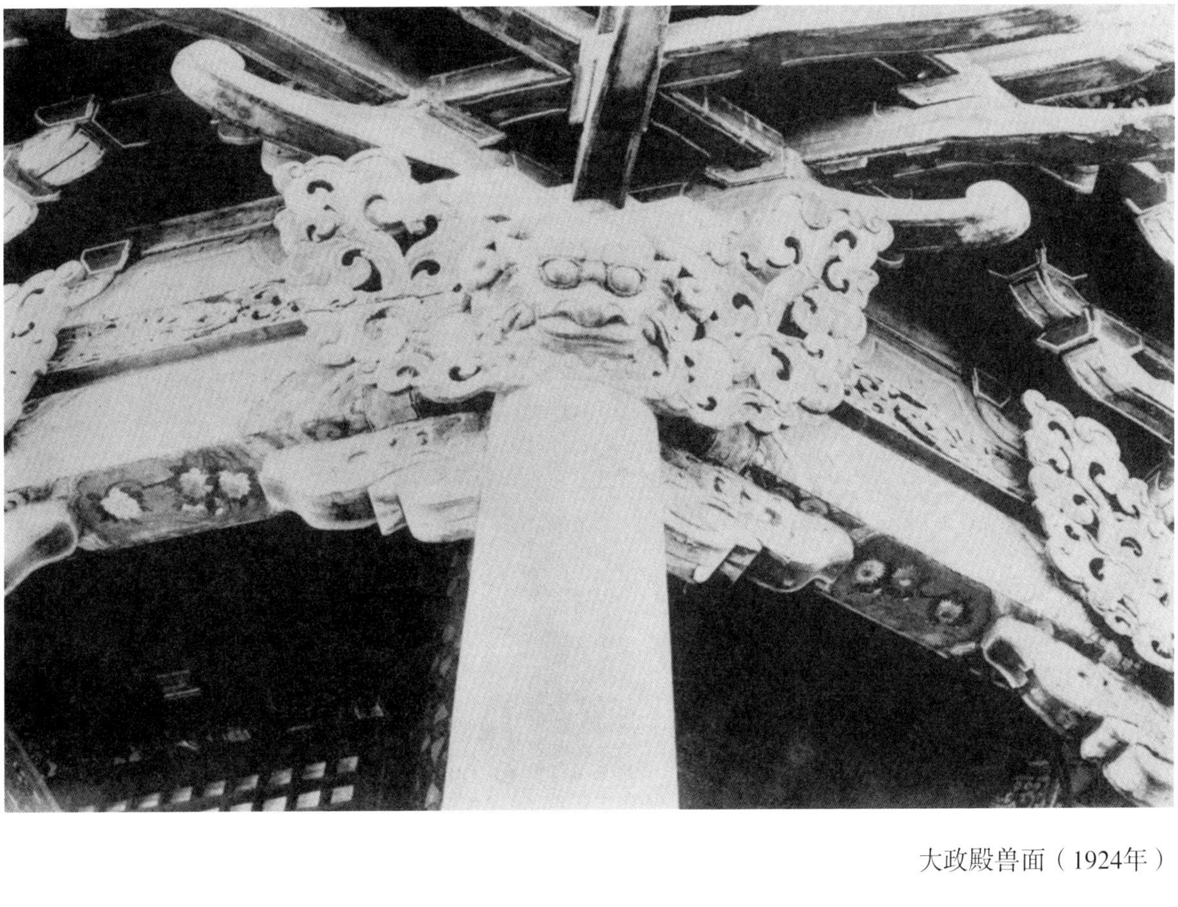

大政殿兽面（1924年）

大政殿局部（1924年）（其建筑上的英文为“世界无线电接收站”）

大政殿石栏杆（1935年）

大政殿藻井（民国时期）

正白旗亭

大清门（20世纪20年代）

奏乐亭（1924年）

翔凤阁（1924年）

崇政殿（1924年）

崇政殿内堂陛（1905年）

崇政殿琉璃墀头

左翊门（1924年）

凤凰楼（1932年）

清宁宫（1905年）

清宁宫（东三省博物馆初期）

敬典阁（20世纪30年代）

颐和殿

太庙正殿（1908年）

太庙门

戏台（20世纪20年代）

文德坊（1924年）

文德坊（1904年）

文溯阁（20世纪初）

文溯阁（东三省博物馆初期）

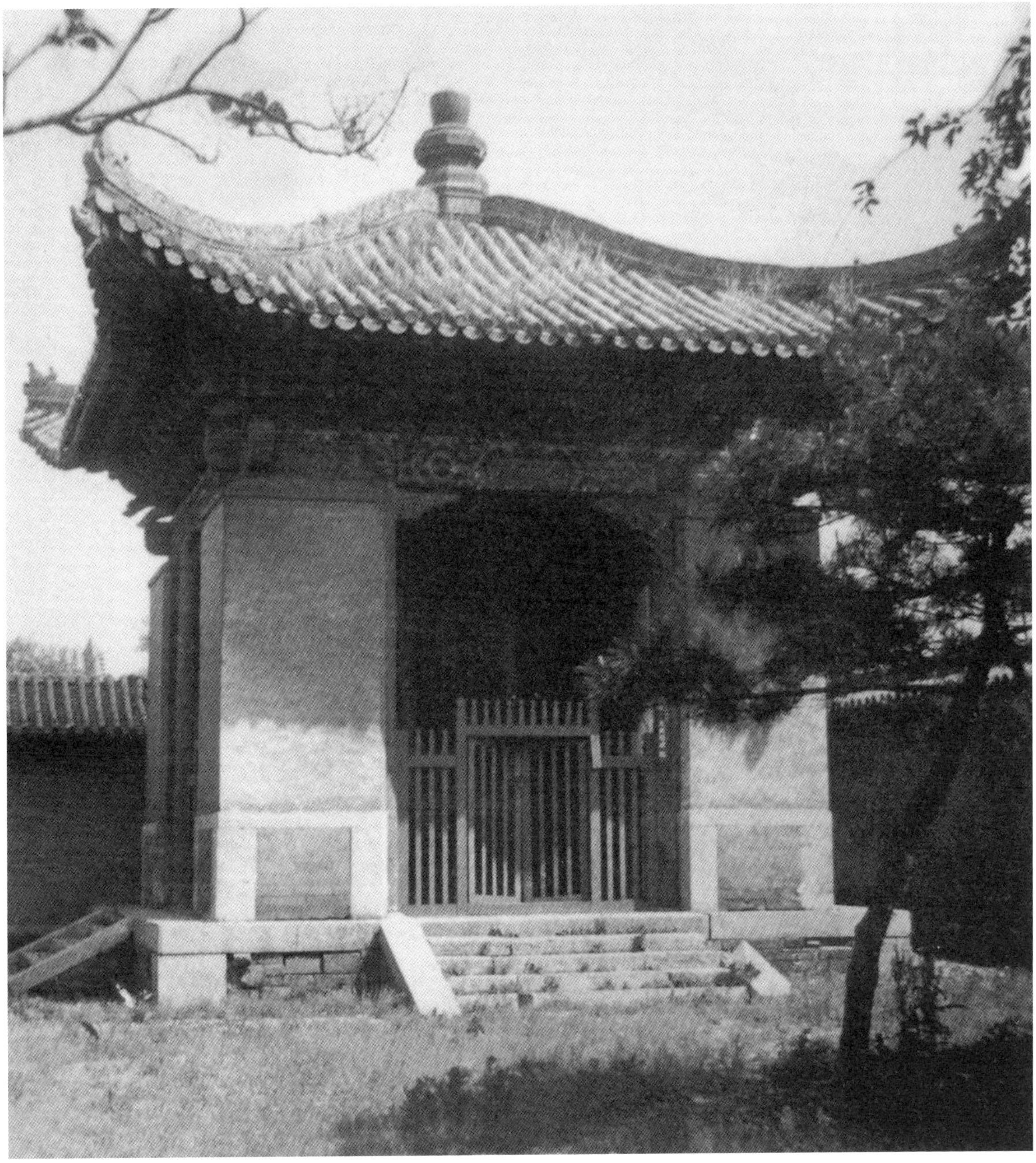

文溯阁碑亭（20世纪40年代）

贰

清永陵

启运门（1904年）

启运殿（20世纪20年代）

神功圣德碑亭（1904年）

叁

清福陵

石牌坊

省牲亭

茶房和膳房

石牌坊细部

神功圣德碑亭（20世纪20年代）

隆恩门（20世纪20年代）

隆恩门细部

隆恩殿（20世纪30年代）

隆恩殿和配殿（1945年）

肆

清昭陵

石牌坊（1936年）

正红门（1920年）

隆恩门（1926年）

神功圣德碑亭和石像生（20世纪20年代）

隆恩殿（1920年）

贵妃园寝茶果房（20世纪20年代）

更衣厅照壁（20世纪20年代）

方城角楼（20世纪30年代）

月牙城（20世纪20年代）

宝顶（1915年）

壹

清沈阳故宫

清沈阳故宫俯瞰（1961年）

清沈阳故宫及周边（20世纪80年代）

大政殿和十王亭（1961年）

大政殿和十王亭（20世纪80年代）

大政殿藻井

大政殿

大政殿宝顶

大政殿

大政殿斗匾及檐下构件

大政殿檐下构件

大政殿柱头兽面

十王亭

大清门（20世纪60年代）

大清门琉璃墀头

大清门抱头梁

翔凤阁

崇政殿木雕金漆九龙斗匾

崇政殿（20世纪50年代）

崇政殿外檐柱头构件

凤凰楼（1986年）

凤凰楼三层梁架彩画▲

凤凰楼跑兽（2003年）▶

清宁宫外景

清宁宫内景

东所垂花门彩画

太庙和文德坊

斯文门透雕雀替

斯文门

文德坊额枋雕刻

戏台檐下构件

后苑

文溯阁

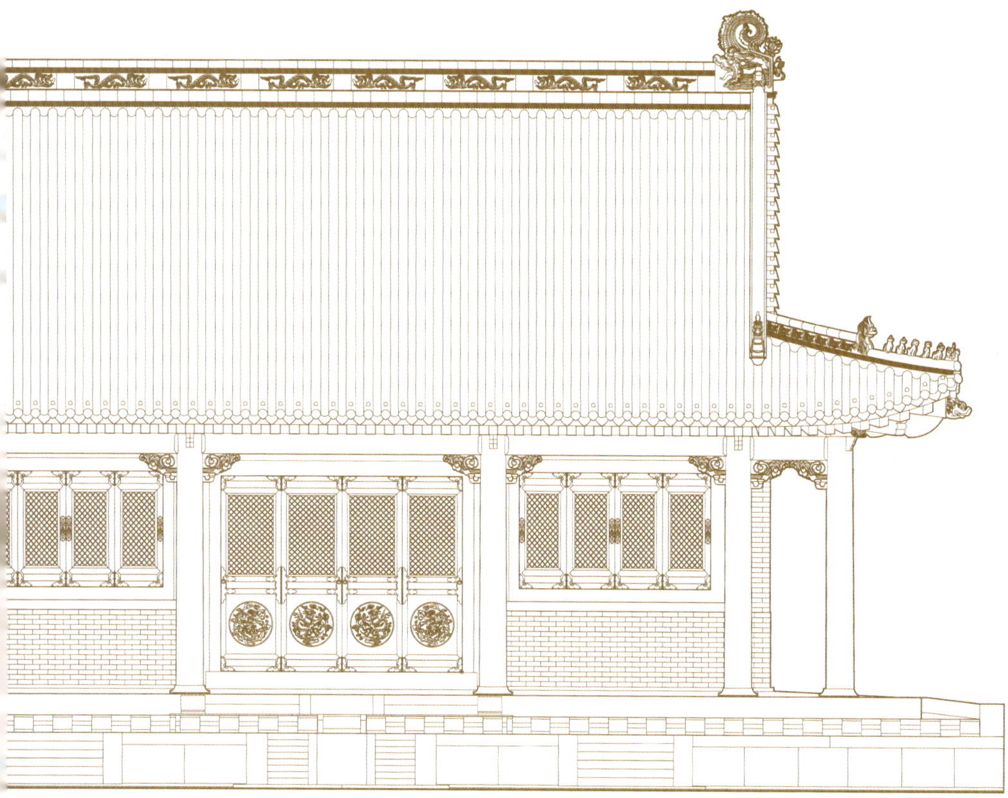

贰

清永陵

清永陵全景（1973年）

正红门（1964年）

神功圣德碑亭（1973年）

启运殿（1964年）

启运殿隔扇门裙板彩画（1973年）

叁

清福陵

石牌坊

东朝房和茶房

神功圣德碑亭

隆恩门

隆恩门（侧视）

隆恩殿

隆恩殿匾额

西配殿

西南角楼

明楼

肆

清昭陵

石牌坊

石牌坊雕刻

正红门

神功圣德碑亭

隆恩门

隆恩殿

二柱门和石五供

宝顶前影壁

影壁琉璃壁心

月牙城和角楼

明楼和月牙城

明楼

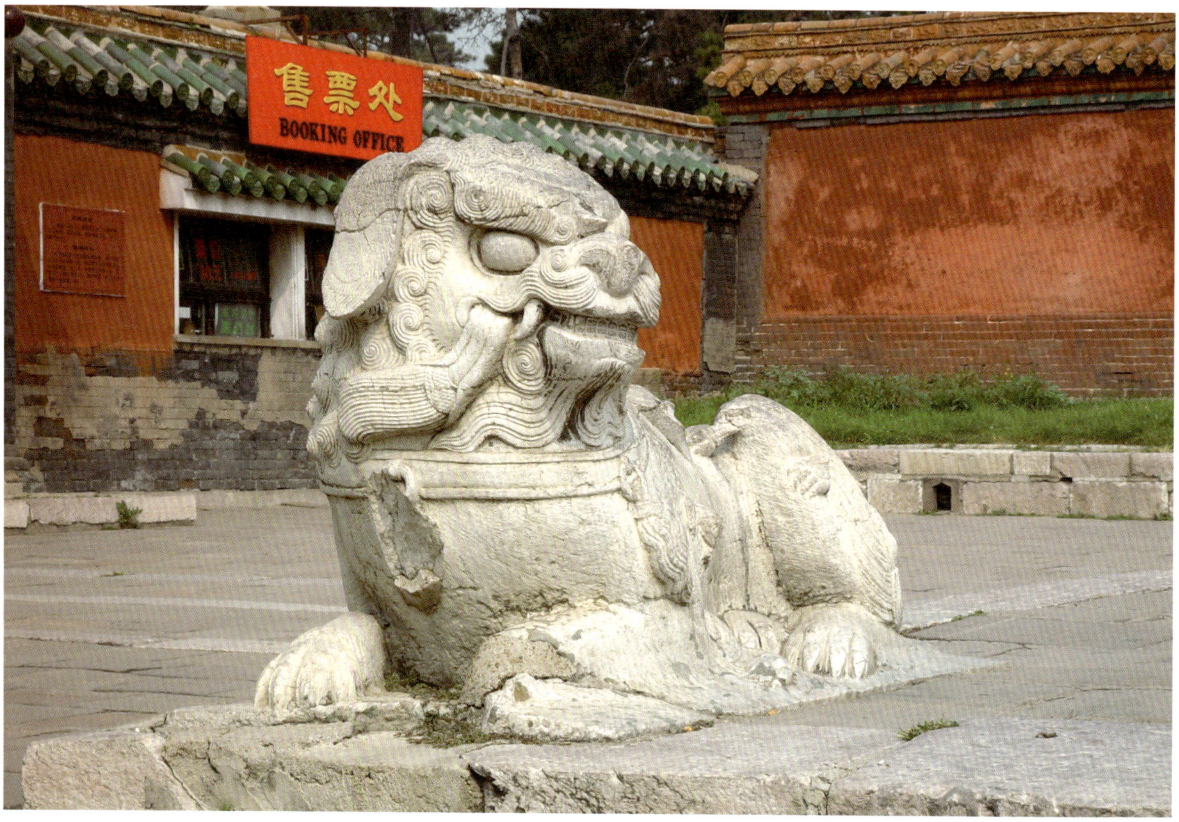

正红门前石狮（西）

果房

正红门前石狮（东）

壹

清沈阳故宫

大政殿和十王亭

大政殿木雕盘龙

大政殿

大政殿藻井

大政殿隔扇门裙板与外檐柱

大政殿斗拱

正红旗亭

MOULIN ROUGE
盛京
红磨坊

大清门

大清门柱头兽面

大清门檐下彩画

大清门垂脊跑兽

崇政殿

崇政殿琉璃墀头

崇政殿木雕九龙金漆斗匾

崇政殿堂陛

崇政殿内梁架、椽望彩画

崇政殿柱础石

崇政殿御路

第三篇　世界文化遗产保护传承

壹　清沈阳故宫

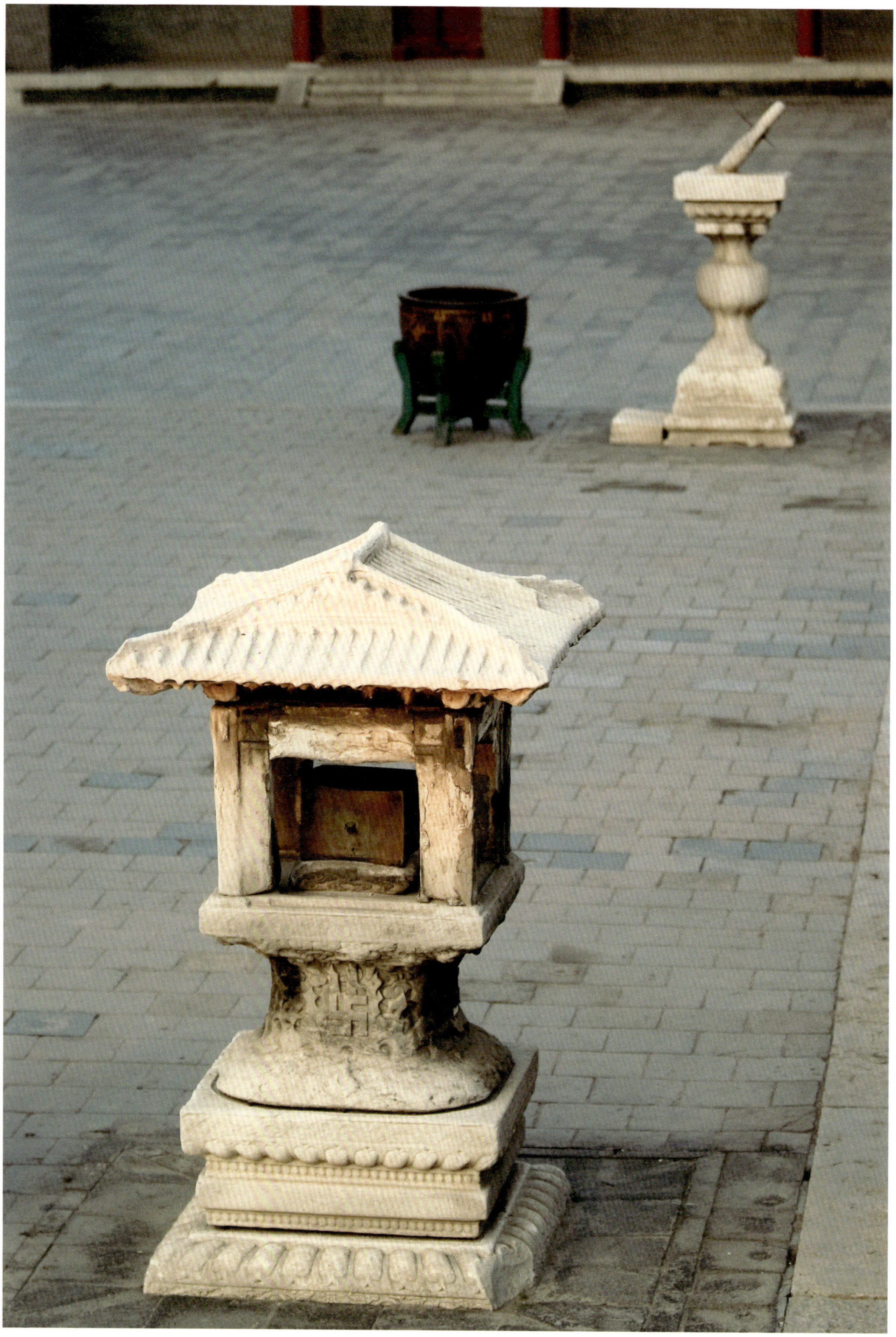

崇政殿前日晷和嘉量

左翊门

凤凰楼

凤凰楼脊兽

凤凰楼踏跺

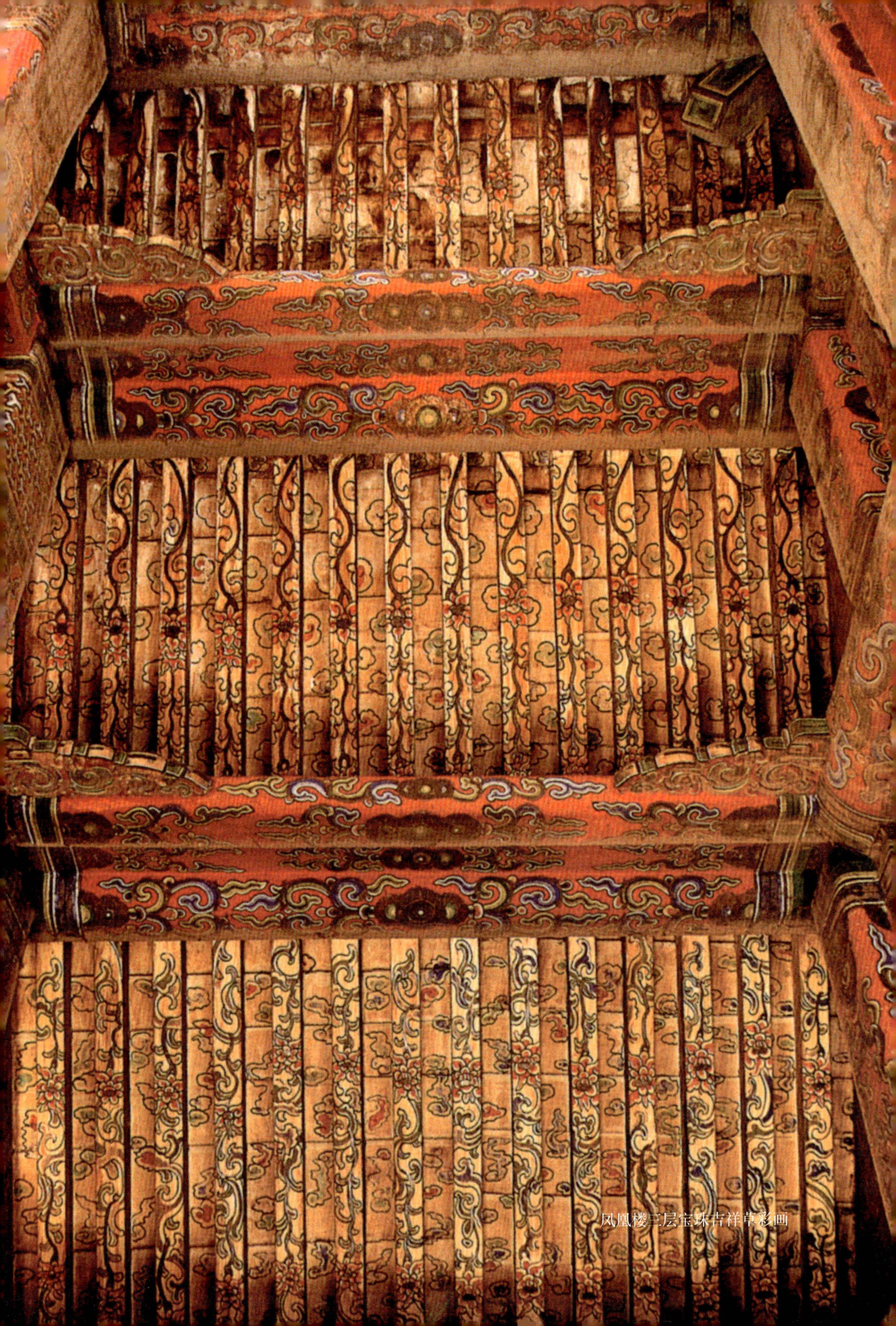

凤凰楼三层宝珠吉祥草彩画

清宁宫烟囱

清宁宫

清宁宫内景

第三篇 世界文化遗产保护传承

壹 清沈阳故宫

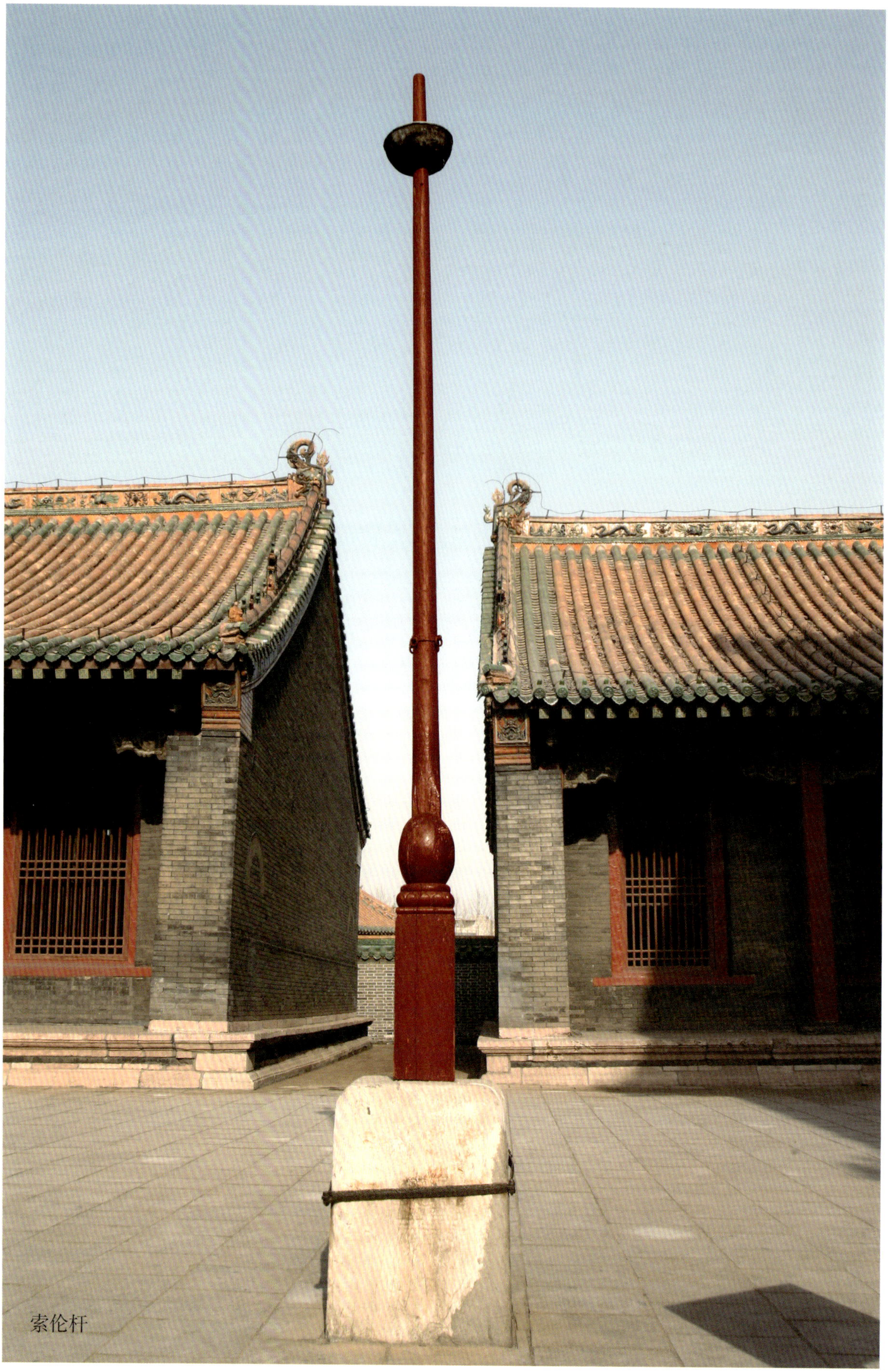

索伦杆

东所垂花门

颐和殿

颐和殿金龙和玺彩画

敬典阁

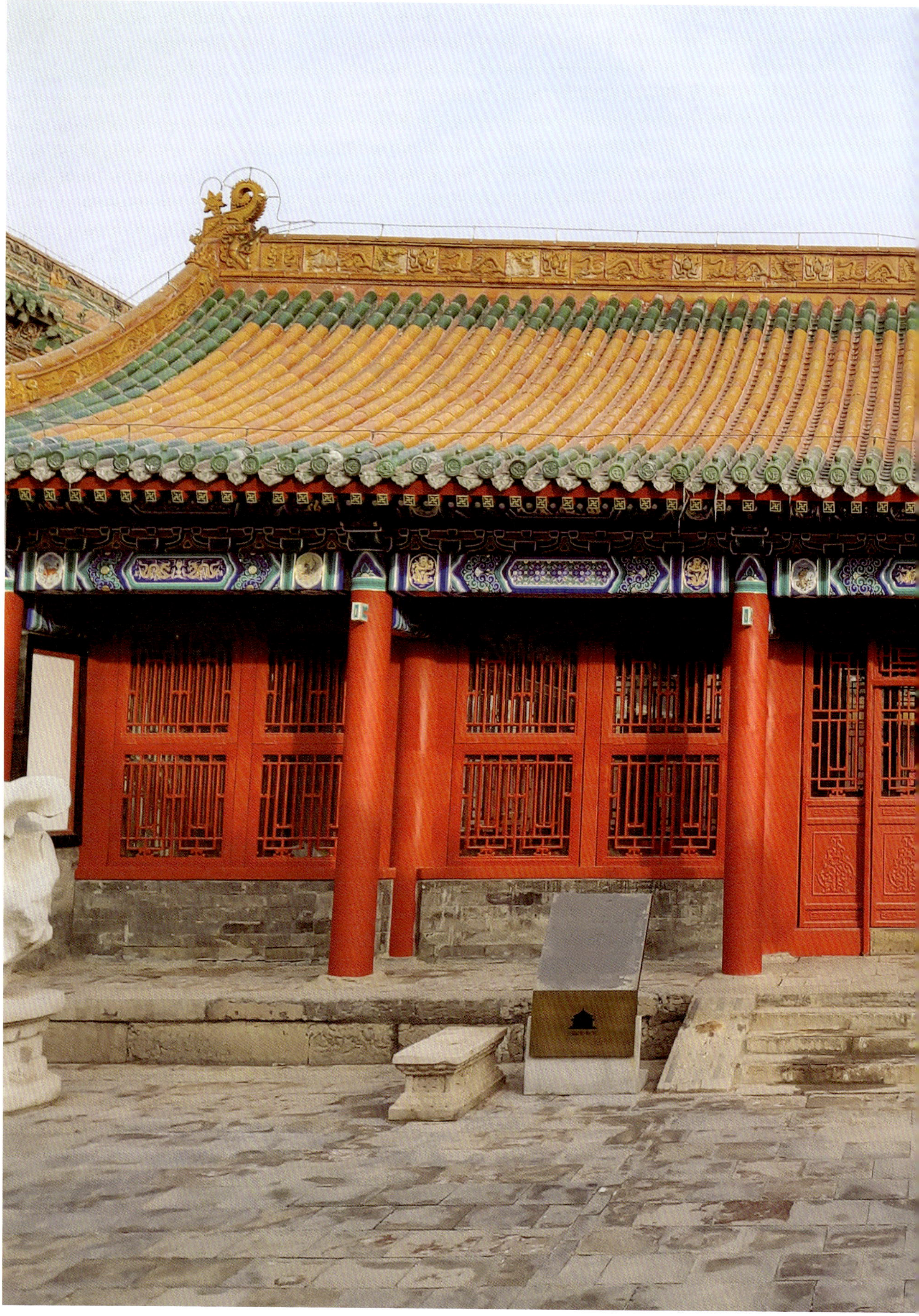

介祉宫

迪光殿

西所抄手游廊

继思斋和崇谟阁

文溯阁

戏台

西路一角

东朝房

斯文门悬山屋顶

太庙门

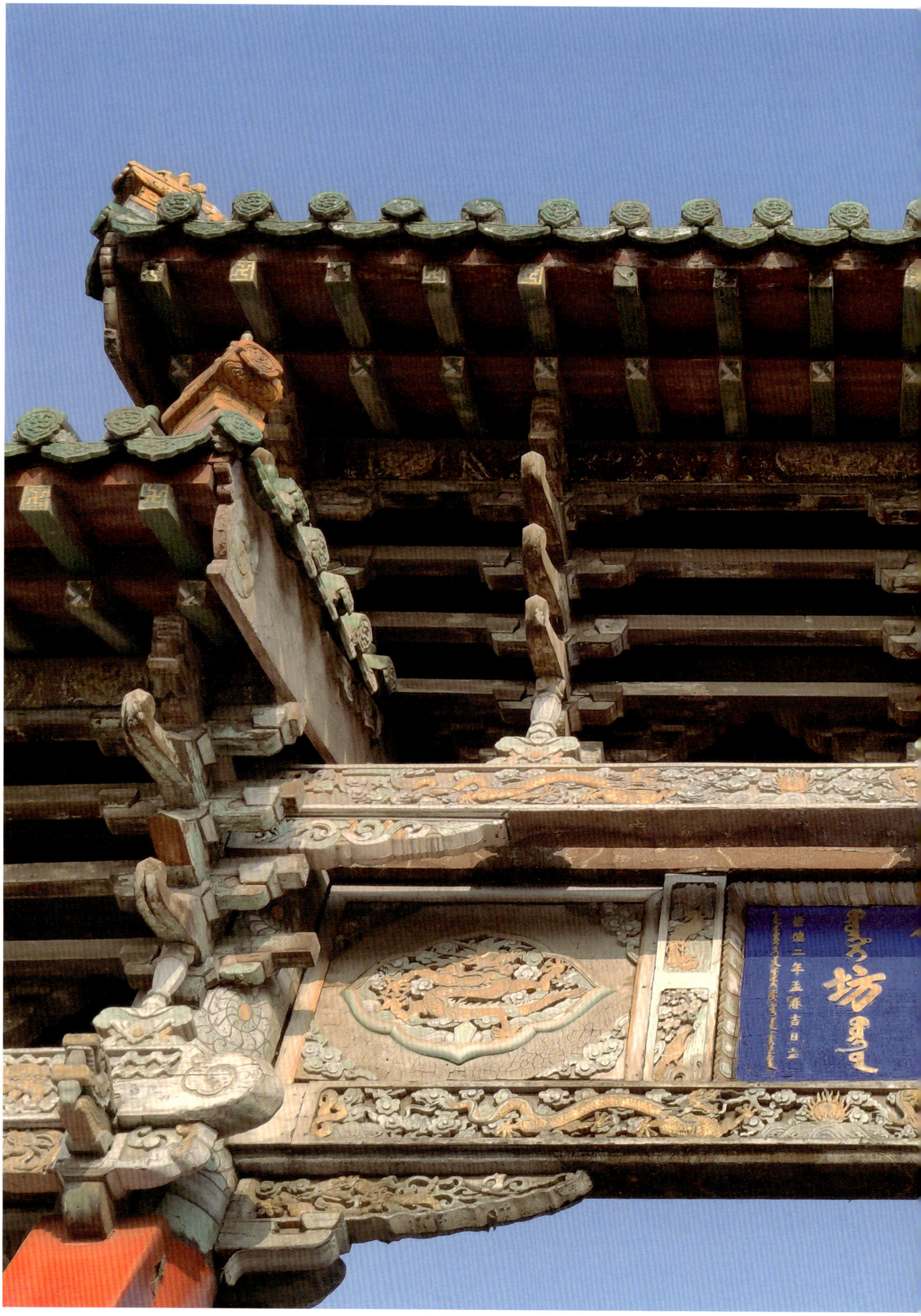
坊
二年孟春吉日立

文德坊

飞龙阁

翔凤阁彩画

贰

清永陵

清永陵全景

清永陵

启运门

四祖碑亭

赑屃

神功圣德碑亭

正红门

东配殿

东配殿一角

金龙枋心彩画

五彩云龙袖壁

清永陵一角

正脊鸱吻·日

四祖碑亭券口坐龙

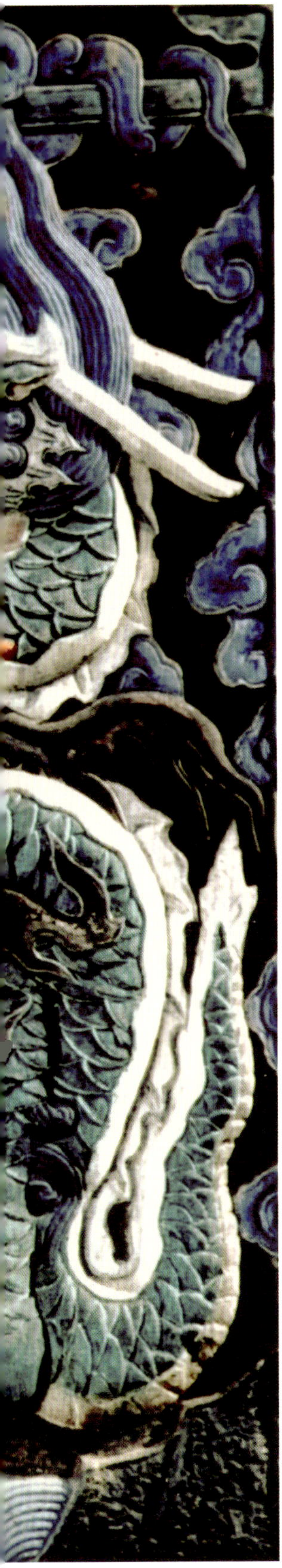

正脊鸱吻·月

叁

清福陵

东侧石牌坊

正红门

正红门海水云龙袖壁

正红门券口石

神功圣德碑亭

隆恩门

隆恩殿及配殿

隆恩殿御路

隆恩殿前寻杖栏杆

隆恩殿排水螭首

西配殿

西配殿外檐彩画

东配殿脊兽

明楼

石五供和二柱门

西北角楼檐下彩画

西北角楼

月牙城和宝顶

宝顶前影壁

肆

清昭陵

正红门

正红门和更衣亭

隆恩门（南）

涤器房

西晾果楼

隆恩门（北）

隆恩殿

果房

隆恩殿和东西配殿

西配殿

隆恩殿和明楼

明楼和二柱门

明楼（南）

东北角楼

后记

2024年适逢清沈阳故宫、清永陵、清福陵、清昭陵列入《世界遗产名录》20周年。20年来，沈阳故宫博物院和清永陵、清福陵、清昭陵文物管理机构严格遵守《保护世界文化和自然遗产公约》，按照『保护第一、传承优先』的理念，坚定文化自信，秉持开放包容，坚持守正创新，正确处理保护与利用、保护与发展、保护与开发等文化遗产保护传承中的重大关系，始终把保护放在第一位，在保护中发展，在发展中保护。

为了更全面地呈现清沈阳故宫、清永陵、清福陵、清昭陵的保护传承，本书遴选了从清末到现在的建筑照片200余幅，展示文化遗产的真实性、完整性，展示列入《世界遗产名录》以来实施各项古建筑保护工程的成果。

收录于本书的图片，小部分是从已经出版的《奉天宫殿建筑图集》《中国建筑艺术全集·第3卷·沈阳故宫》等著作中整理、翻印，大部分由沈阳故宫博物院、清永陵文物管理所、沈阳市东陵公园、沈阳市北陵公园提供，在此向有关单位表示诚挚谢意。

《世界文化遗产地：清沈阳故宫·清永陵·清福陵·清昭陵建筑图集》在编辑出版过程中，得到辽宁美术出版社领导和编辑的大力支持，他们的认真负责使图集更加精美。图集出版之日，我们也向辽宁美术出版社社长彭伟哲，美术编辑王艺潼、陈静思，责任编辑张畅等，致以衷心感谢！

编者

2024年6月

图书在版编目（CIP）数据

世界文化遗产地：清沈阳故宫·清永陵·清福陵·清昭陵建筑图集 / 孟繁涛主编. —沈阳：辽宁美术出版社，2024. 7. — ISBN 978-7-5314-9713-4

Ⅰ. K928. 703. 11-64

中国国家版本馆CIP数据核字第2024Z900S5号

出 品 人：彭伟哲
出版发行：辽宁美术出版社
地　　址：沈阳市和平区民族北街29号　邮编：110001
印　　刷：沈阳丰泽彩色包装印刷有限公司
开　　本：889mm×1194mm　1/16
版　　次：2024年7月第1版　2024年7月第1次印刷
印　　张：14
字　　数：200千字
责任编辑：张　畅
书籍装帧：王艺潼　陈静思
责任校对：满　媛
责任印制：徐　杰
书　　号：ISBN 978-7-5314-9713-4
定　　价：258.00元

如发现印装质量问题，请与我社出版部联系调换。
出版部电话：024-23835227